AF186567

Tucholsky Wagner Zola Scott Sydow Freud Schlegel
Turgenev Wallace Fonatne
Twain Walther von der Vogelweide Fouqué Friedrich II. von Preußen
Weber Freiligrath
Kant Ernst Frey
Fechner Fichte Weiße Rose von Fallersleben Richthofen Frommel
Hölderlin
Engels Fielding Eichendorff Tacitus Dumas
Fehrs Faber Flaubert
Maximilian I. von Habsburg Fock Eliasberg Zweig Ebner Eschenbach
Feuerbach Eliot
Ewald Vergil
Goethe Elisabeth von Österreich London
Mendelssohn Balzac Shakespeare Dostojewski Ganghofer
Lichtenberg Rathenau
Trackl Stevenson Doyle Gjellerup
Tolstoi Hambruch
Mommsen Lenz Droste-Hülshoff
Thoma Hanrieder
Dach Verne von Arnim Hägele Hauff Humboldt
Karrillon Reuter Rousseau Hagen Hauptmann Gautier
Garschin
Defoe Baudelaire
Damaschke Hebbel
Descartes Hegel Kussmaul Herder
Wolfram von Eschenbach Dickens Schopenhauer
Darwin Melville Grimm Jerome Rilke George
Bronner Bebel Proust
Campe Horváth Aristoteles
Bismarck Vigny Barlach Voltaire Federer Herodot
Gengenbach Heine
Storm Casanova Tersteegen Gilm Grillparzer Georgy
Lessing Langbein
Chamberlain Gryphius
Brentano Lafontaine
Strachwitz Claudius Schiller Schilling Kralik Iffland Sokrates
Bellamy
Katharina II. von Rußland Gerstäcker Raabe Gibbon Tschechow
Löns Hesse Hoffmann Gogol Wilde Vulpius
Gleim
Luther Heym Hofmannsthal Klee Hölty Morgenstern
Roth Heyse Klopstock Kleist Goedicke
Luxemburg Puschkin Homer Mörike Musil
La Roche Horaz
Machiavelli Kraft Kraus
Navarra Aurel Musset Kierkegaard
Lamprecht Kind Kirchhoff Hugo Moltke
Nestroy Marie de France
Laotse Ipsen Liebknecht
Nietzsche Nansen
Marx Ringelnatz
Lassalle Gorki Klett Leibniz
von Ossietzky May Irving
vom Stein Lawrence
Petalozzi Knigge
Platon Pückler Michelangelo Kafka
Sachs Poe Kock Korolenko
de Sade Praetorius Mistral Zetkin Liebermann

Horch blohß, wie der Gukguk schreyt!

Arno Holz

Impressum

Autor: Arno Holz
Umschlagkonzept: toepferschumann, Berlin

Verlag: tredition GmbH, Hamburg
ISBN: 978-3-8495-3049-5
Printed in Germany

I. Ich bin des Zeitgeists Straßenkehrer

Satirische Glossen und Porträts

Pfui Deibel!

Ihr wißt, ich bin kein »Von«-Verehrer,
ich bin des Zeitgeists Straßenkehrer;
doch protzigere Kerle sah ich noch nie,
als die Schlotbarone der Plutokratie!

Für kleine Kinder

Der alte Flötenspieler Pan,
der lehrte mich das Dichten:
Ein Volk und ein Stückchen Marzipan
bestehn aus zweierlei Schichten.

Die eine schlürft Austern und baut sich Kohl
und macht in Vaterlandstreue
und fühlt sich kannibalisch wohl,
wie Goethes fünfhundert Säue.

Die andere spielt tagtäglich va banque
und kleidet sich in Lappen
und führt ihr ganzes Leben lang
einen Hungerknochen im Wappen!

Selbstporträt

Nur wenigen bin ich sympathisch,
denn ach, mein Blut rollt demokratisch,
und meine Flagge wallt und weht:
Ich bin nur ein Tendenzpoet!

Auf Reime bin ich wie versessen,
drum lob ich plötzlich die Tscherkessen,
und wüst durch mein Gehirn scherwenzen
verrückt gewordene Sentenzen.

Mein Blut rollt schwarz, mein Herz schlägt matt,
mein Hirn hat noch nicht ausgegoren,
denn meine gute Mutter hat
mich hundert Jahr zu früh geboren!

Ausgepfiffen

Das Leben ist eine Komödie
und geht oft über den Spaß
und gleicht dann jener Tragödie,
in der einer den andern fraß.

Und wenn wirs auch nicht wollen,
wir kommen doch alle drin vor
und spielen die nötigen Rollen
vom Jean bis zum Heldentenor.

Und wer mit seiner Visage
am besten zu gaunern gelernt,
erhält die nobelste Gage
und wird auch mitunter besternt.

Ich studierte mir manche Falte
und trat vor das volle Haus,
doch blieb ich immer der Alte –
drum pfiff mich das Publikum aus!

Auf der Straße

Er küßte den Laternenpfahl
und hielt ihn fest umschlungen,
und um ihn freute der Skandal
ein Rudel Straßenjungen.

Erst seinen Wochenlohn verschnapst
in räuchriger Spelunke
und dann verkatert und verflapst
und voll wie eine Unke!

Rotangepinselten Gesichts,
ein Don Juan der Posse,
so bettete der Taugenichts
sich schließlich in die Gosse.

Da fiel mir ein ein bittrer Scherz,
das Wort, das euch bekannt ist:
Der Wein erfreut des Menschen Herz –
zumal wenn er gebrannt ist!

Man möchte manchmal sich besaufen

Man möchte manchmal sich besaufen,
aufbaumeln oder Amok laufen!
Man denkt: »Verflixt!« wie Pater Brey –
am nächsten Tag ist alles vorbei.

Die Sonne scheint wieder, die Vögel singen,
man ist zufrieden mit allen Dingen;
man reibt sich die Hände und schmunzelt: Famos!
Was war bloß gestern mit dir los?

Heut so, morgen so! Him, hum, ich glaube,
der Mensch ist eine verdrehte Schraube!
Wie dem auch sei, ich konstatiere,
er ist das verzwickteste aller Tiere!

Impromptu

nach einer »Christian Morgenstern-Lektüre«

Ein winzigstes Spezialitätchen,
gespießt auf ein spitzestes Drähtchen,
ist dieses »Dichters« »Buch«
Hast du es erst begriffen,
was er dir vorgepfiffen,
gleich wagst du den Versuch.
Erst wills dir nicht recht glücken,
du fragst und fauchst voll Tücken:
Ha, bin ich ein Eunuch?
Doch schon nach wenig Takten
umschwillts dich von Petrefakten,
teils nackten, teils befrackten,
wie strudelnd aus Katarakten,
und füllen dir deine Akten,
das ist – »des Sängers Fluch«!

Tagtäglich

Tagtäglich wispert die Kritik:
»O wirf ihn fort, den Hungerknochen!
Es hat die leidige Politik
schon manchem hier den Hals gebrochen.

Auch meine Galle schwimmt in Groll,
doch wozu ihn versifizieren?
Die Welt ist heute prosatoll
und wird ihn schwerlich honorieren.

Such lieber hohe Protektion,
dein Sozialismus ist uns schnuppe,
denn schließlich wärmst du nur, mein Sohn,
die achtundvierziger Bettelsuppe.

Drum still, du Sturm im Wasserglas,
und reime fortab nur auf »Triebe« –
du säst wie Luzifer nur Haß,
das Herz der Kunst heißt aber »Liebe!«

Ich hörs und fluche: Sapperment!
Zwar lieblich locken die Moneten,
doch fehlt mir leider das Talent
zum schwarzweißroten Hofpoeten.

Ich pfeif auf euern Fahneneid,
ich pfeif auf eure feigen Possen!
Im schwarzen Schuldbuch unsrer Zeit
sind meine Verse rote Glossen!

Drum bitte, mir drei Schritt vom Leib
mit euern Tombakpoesien
und zischt nicht wie ein feiles Weib:
Tritt ein in unsre Koterien!

Tät ichs, ich wär ein Halbpoet,
so aber ruf ich durch die Gassen:
Die Welt, die sich um Liebe dreht,
weiß auch das Hungertuch zu hassen!

Das Volk an die Fürsten

Einmal schon verhalf ich euch zum Siege,
denkt, o denkt an die Befreiungskriege!
Und auch heut noch muß ich, wie befohlen,
die Kastanien aus dem Feuer holen.

Einmal auch schon hab ich, selbst verschuldet,
euern »Königlichen Dank« erduldet:
Erst mir lächelnd ins Gesicht geheuchelt,
dann mich hinterrücks ins Knie gemeuchelt!

Glaubt mir, auch die Liebe weiß zu hassen;
eure Sonnen werden einst verblassen!
Sink ich heute auch verblutend nieder:
Bei Philippi sehen wir uns wieder!

An mehrere Kritiker

Ja, diese Welt starrt voller Klippen,
ein jeder sehe, wie ers treibt;
denn glattrasiert wie eure Lippen,
sind auch die Worte, die ihr schreibt!

Auch seid ihr durch und durch »ästhetisch«
und fast so prüde wie John Bull,
und so beweist ihr arithmetisch,
daß mein Talent so gut wie Null.

Oh, wühlt nur um mit euern Poten
den alten Philologenjux –
die Nachtigall singt nicht nach Noten,
sie singt, wie ihr der Schnabel wuchs!

Einem ebensolchen

Das größte Maul und das kleinste Hirn
wohnen meist unter der selben Stirn.

Einem Gartenlaubendichter

Ach, lieber Emil, hab Erbarmen,
pust aus dein kleines Dreierlicht!
Denn die schwarzweißroten Gelegenheitscarmen
haben wir endlich dick gekricht.

Du bist und bleibst ein bloßer Reimer,
kein echter Sohn des Vater Rhein,
und schenkst deinen Lesern, statt Rüdesheimer,
nur versifizierten Dreimännerwein.

Unser Wortschatz

Die Philologen, die sich stritten,
rechneten Wort für Wort zurück
und sahn: Der Schatz des großen Britten,
umfaßte fünfzehntausend Stück!

Doch heut im neunzehnten Jahrhundert
die Dinger wie der Wind verwehn:
Ein Droschkenkutscher braucht fünfhundert,
ein lyrischer Dichter nur zirka zehn!

Nur selten komm ich aus dem Haus

Ein Sonderling, aus der Luke der Kathedrale

Nur selten komm ich aus dem Haus,
die Welt sieht so japanisch aus.
Die Fichten knarren melancholisch,
die Eulen schreien so symbolisch,
in grauen Strähnen hängt mein Haar.
Alles ist so sonderbar.
O war ich noch das junge Lumen,
das räkelte sich in die Blumen.
Das war so unverschämt gesund,
das litt noch nicht an Flügelschwund!

Über die Wiese, grasend, ein Schimmel,
mattblau der Septemberhimmel.
Plätschernde Enten in einem Tümpel,
barfüßige Jöhren ein ganzer Hümpel;
seinen rostigen Säbel unterm Arm,
marschiert vorüber der Herr Gensdarm.
Fern ein Waldrand, grüne Hecken,
violette Heidestrecken,
von der Sonne beschienen
blühen Lupinen.

Das brauchte kaum noch eine Hand,
wie schlicht sich das zusammenfand!
Heut bin ich eine alte Kruke
und nörgle bloß aus meiner Luke.
Dieser gottverfluchte Kerl,
täglich Neues bringt der Scherl!
Stündlich pfeift aus neuem Loche
die Epoche!

Vom Kongo bis an den Skamander,
das kribbelt, wibbelt durcheinander.
Ohm Krüger und den Prinzen Tuan,

man redet sie schon fast mit Du an.
Häuser baut man aus Asbest,
sie brennen ab, es bleibt kein Rest.
Ein nacktes Südseeweib kreischt Oa,
man trat ihr auf die Federboa.
Wilhelmintje
kriegt e Kindje.

Das Ding an sich durch alle Schalen
beleuchtet man mit Röntgenstrahlen.
Dein Jüngster schon verbricht bei Tische
eine Abhandlung über Knorpelfische;
und nächstens brät die Frau dir Bars,
du selber fingst ihn auf dem Mars.
In Formen, Farben, Tönen, Bildern,
wer soll das fassen, soll das schildern?
Ich tu nicht mehr mit, ich habe genug –
Jung sein heißt dumm sein und alt nicht klug!

Ob eine Wurst, die nachts im Rauchfang hängt

Ob eine Wurst, die nachts im Rauchfang hängt,
sich noch Gedanken über einen Stern macht,
der golden über ihrem Zipfel brennt?
In dies Problem sich wie ein Maulwurf grübelnd,
bepinselte er seine Nase sich
vor seinem Spiegel kunstvoll mit Zinnober,
Schrie Kikriki, fraß siebzehn saure Gurken,
soff diverse Kübel Buttermilch
und starb zuletzt – als Sultan von Marokko!

Das kommt davon!

Mit achtzehn Jahren schrieb er Verse
und frug die Welt nach ihrem Preis,
Tragödien schmierte er diverse
und Epen vollends dutzendweis.

Doch jede Schuld auf Erden rächt sich!
Schon Goethe wars, den das verdroß.
Heut ist er zirka fünfundsechzig
und – Kritiker der Tante Voß!

Drei »Tableaux vivants«

Aus einem deutschen Dürer-Wald,
fast hört man, wie ein Hifthorn schallt,
sie stramme Stallmagd, er Grenadier,
umkringelt von allerhand Fabelgetier,
beblinzt von einem Schlangendrachen,
der einen riesigen »Appel« im Rachen,
ein nacktes Menschenpaar, sachlich und schlicht –
Adam und Eva, wer kennt sie nicht?

In einem türkischen Pludergezelt,
von mattem Ampelschein kaum durchhellt,
ein Mann mit schrecklich langem Haar,
gekleidet wie ein Hospodar.
Er schnarcht in eines Weibes Schoß,
beide Brüste sind ihr bloß.
Ein böses Lächeln umspielt ihren Mund,
die Augen sind tückisch und katzenbunt.
Man zittert vor Angst, man weiß nicht warum,
und findet den Täppischen reichlich dumm.
Was wird geschehn? Man ist gespannt,
was hält das Luder in der rechten Hand?
Etwas scharf geschliffen Blankes, bei meiner Ehre,
eine spitze Schneiderschere!
Und jeder weiß es nun gleich: Aha!
Held Samson und Frau Dalila!

Aus einer zersplissenen Felsenwildnis
entwirrt sich sodann als drittes Bildnis:
Ein hagerer Herr, halb Mann, halb Greis,
der sich »im Moment« nicht zu »helfen« weiß.
Er lagert »malerisch« zwischen zwei Weibern
mit kraftgeschwellten Rubensleibern;
die links, wie sterbend, an sich gepreßt,
während er, rechts, auch die zweite nicht läßt.
Oho, potz Blitz, Gotts-Donnerkeil,
sogar im konträrsten Gegenteil!
Alle fünf Finger jach verkrallt

in ihren noch tropfenden Pfirsichspalt!
Nicht einer mehr hält die Augen offen,
wies scheint, alle drei, pardon, besoffen!
Ein leerer, umgekippter Krug
sagt dem Verständigen genug.
Pretiosen und Pelzwerk rings verstreut,
ein sich sühlendes Schwein, das sie grunzend betreut.
Im Hintergrund »Bulle auf einer Kuh«,
eine zweite, wiederkäuend, kuckt zu.
Ein würziger Terebinthenbaum
streut über alles seinen Traum.
Und jeder lacht sich pucklig und schief –
Lot, der bei denen »Töchtren« schlief!

Wer nie mit ihr allein soupiert

Wer nie mit ihr allein soupiert,
wer nie die hummervollen Nächte
auf ihrem Bett sich abstrapziert,
der kennt euch nicht, ihr himmlischen Mächte!

Ihr stoßt ins Leben sie hinein
und führt die Unschuld ins Orpheum,
und fällt der Junge schließlich rein,
dann singt der Dalles sein Tedeum!

Im Sommer, Frühling, Winter oder Herbst

Im Sommer, Frühling, Winter oder Herbst,
geschieht es einstmals sicher, daß du sterbst;
der du so manche Jugendnacht
nicht bloß im eignen Bett verbracht.
Dann liegst du mit zerknacksten Haxen,
schlohweiß den Kopf und nicht mehr flachsen.
Bis dahin, zäher als ein Lurch,
ich glaube, hältst dus, Junge, durch!

Hm!

Da meinen einige vermessen,
das Leben habe keinen Zweck;
man siehts, sie haben nie gegessen
Fasanenstietz und Schnepfendreck.

Reimspiel

Was ist das beste Futter, sprich,
für hungernde Nationen?
»Halts Maul, Halunk, was kümmerts dich?«
Der Reim lacht: Blaue Bohnen!

Fragezeichen

Der Peter spricht zum Bruder Paul:
Der Zeitgeist ist ein alter Sünder,
und stopfen können ihm sein Maul
nur Kruppsche Vierundzwanzigpfünder!

Doch Paul kann Peter nicht besehn,
weil der sein Lebtag nur gelungert,
und meint, als wäre nichts geschehn:
Du, Peter, hast du mal gehungert?

Einstweilen!

Die alte Welt ist ein altes Haus
und furchtbar ungemütlich,
der Nordwind pustet die Lichter aus –
ich wollte, wir lägen mehr südlich!

Ich wollte ... Puh Teufel, wie das zieht!
Der Hagel prallt an die Scheiben;
drum singt nur einstweilen das tröstliche Lied:
Es kann ja nicht *immer* so bleiben!

Selbstredend!

Mein Gott, wozu die Grillenplage?
Noch blüht ja unsre Hautevolee!
Noch heilt der Zeit gewaltige Frage
ein Titel und ein Portemonnaie.

Noch wachsen täglich unsre Zöpfe,
der »Glaube« ist des Pudels Kern,
das Militär putzt seine Knöpfe,
und das Antike wird modern.

Noch scharrn vor meinem Gab vier Pferde,
zu Fuß zu gehn, ist ja gemein –
»O wunderschön ist Gottes Erde
und wert, darauf vergnügt zu sein!«

Ich hämmre mein Erz

Der »Blechschmied«, schmiedend

Ich hämmre mein Erz, ich klopfe mein Blech,
»Zeitgenossen«, was für ein Pech,
daß ihr mich umwuselt!
Ich klopfe mein Blech, ich hämmre mein Erz,
so manchem sackt in die Hose sein Herz,
indes es ihm gruselt.

Ich malme Staub aus euerm Mulm
vom Blocksberg bis zum Rigi-Kulm,
man fühlt meine Kralle!
Ich malme Mulm aus euerm Staub,
und sozusagen mit Verlaub:
Ihr könnt mich alle!

Schon gut!

Schon gut! Du weißt schon, wie ichs meine.
Lügen haben kurze Beine!
Wahrheiten aber – Mensch sei helle! –
beträchtlich breite Hinterkastelle.

II. Kleine Bluhmen wie aus Glaß

Dafnis-Lieder für die Laute

Er hört mit ihr den Gukguk schreyn

Ode Jambo-Trochaica

Grisillgen, weißtu waß?
Kom mit mir in das Graß.
Im Hayn blüht lengst der Flihder,
die Fröschgens hupffen wihder.
Venus und ihr kleines Söhngen
pflükken sich da Tausendschöngen.
Ach, nun ist die göldne Zeit –
hörstu, wie der Gukguk schreyt?
Grisillgen, weißtu waß?
Itzt wünscht ich dihß und daß.
Sih, wie sich meine Zihgen
ümb deine Schäffgens schmihgen.
Zwischen Qwendel, über Qwekken
tasten dort verbuhlt zwo Schnekken.
Ach, nun ist die göldne Zeit –
horch blohß, wie der Gukguk schreyt!

Grisillgen, weißtu waß?
»Nein, nicht doch, Dafnis, laß!
For so ein Bihnen-Kröpffgen
ist nicht mein Honig-Töpffgen!
Müßt ich nicht durch solch Benähmen
mich vor meinen Schäffgens schämen?
Drükk mir nicht mein Daffet-Kleid,
horch doch, wie der Gukguk schreyt!«

Grisillgen, waß ist daß?
Dein Hütgen glüzzt gantz naß?

»Lind träuffelt seinen Segen
ein lihber Sonnen-Regen!«
Flinck in jenes Rohsen-Läubgen!
Ich der Täuber, du das Täubgen!
Ach, nun ist die göldne Zeit –
nein, wie blohß der Gukguk schreyt!

Er klagt, daß der Frühling so kortz blüht

Ode Trochaica

Kleine Bluhmen wie auß Glaß
seh ich gar zu gerne,
durch das tunckel-grüne Graß
kukken sie wie Sterne.

Gelb und rosa, roht und blau,
schön sind auch die weissen;
Trittmadam und Himmelstau,
wie sie alle heissen.

Komb und gihb mir mitten-drin
Küßgens ohnbemessen.
Morgen sind sie lengst darhin
und wir selbst – vergessen!

Er freut sich, daß es Frühling ist

Ode Jambica

Mein Bauch ist nicht for Völlerey,
Doch dihß so muß ich sagen:
der göldne Monahts-König Mey
fegt mir nicht blohß die Leber frey,
er stärckt mir auch den Magen!

Artschokken, Bortulak, Spinat,
so nichts bräucht man zu schonen;
Endiwien gihbts und Kopff-Saulat,
sälbst Spargel siht man schon barat,
Rabuntzelgens und Bohnen.

Diana, nakkt biß übers Knie,
fischt Krebsckens und Forellen,
Cupido sticht nach Sßöllerie
und selbst Sylvan, das tumme Vieh,
käut Dill und Bimpinellen.

Itzt schmäkkt zu Hammel Pärl-Porree,
itzt neid ich nicht die Dodten,
itzt halt ich mich nicht retiré,
wenn ich auf einem Deller seh
Butt-Hühngen-Fleisch mit Schoten!

Darzu so schänck ich mir waß ein,
sonst schärfft sich mir mein Blühtgen;
doch darffs des offtern auch, statt Wein,
Pfund-Bier auß Kötschenbroda seyn,
das steigt nicht so ins Hütgen.

Dikk auffgebluhsterter Virgil,
bedrillre deine Meikens!
Itzt müht sich mein gespizzter Kihl

nur for den lihben Betersihl
und for die Kibitz-Eyckens!

Er bokulirt im Hirschen

Ode Trochaica

Lustig-seyn und nicht studiren,
durch die Gassen kreutz und krumm
nach den Mägdgens scharmutziren,
lustig-seyn und nicht studiren,
dihses ist mein Bropprium!

Bluhder-Hosen, Bontac-Flaschen,
Wörffelgens und ein Rappihr,
darzu Göldt in allen Daschen,
Bluhder-Hosen, Bontac-Flaschen,
Bruder-Hertz, daß lohb ich mir!

Wihder blühen itzt die Pfirschen,
alles ist wie Rohsen-roht,
drümb so sizz ich hihr im Hirschen,
wihder blühen itzt die Pfirschen,
Dabbak ist mein Himmels-Brodt!

Hühnergens in Galantine
stellt man mir auff meinen Disch,
Blührnckens zihren die Turrine,
Hühnergens in Galantine,
auch die Sprottgens sind schön frisch!

Kugel-Dorten, Eyer-Baben
seh ich frölichen Gesichts,
darfor bün ich stähts zu haben,
Kugel-Dorten, Eyer-Baben,
Hola, Jung, verschütt mir nichts!

Jeder Dropffen, den ich drincke,
schärfft mir mehr das Capitol;
komme wihder, wenn ich plincke,

jeder Dropffen, den ich drincke –
Himmel, Herrgott, ist mir wohl!

Flöten, Lauten und Pandoren,
Gott sey Danck, itzt sind sie da!
Singt und springt mir in die Ohren,
Flöten, Lauten und Pandoren,
drey mal hoch die Musica!

Nachts mit gantz verschobner Krause
steh ich dan für meiner Thür.
Bün ich würcklich schon zu Hause?
Nachts mit gantz verschobner Krause,
ha, wie kom ich mir blohß für?

Soll ich itzt Skarteken schmihren?
Oder – dreh ich wihder um?
Nein, ich gehe cortesiren!
Soll ich itzt Skarteken schmihren?
Dihses were mir zu thumm!

Meine Feuer-reichen Jahre
blühn mir itzo, oder nie.
Pallas hat zu kortze Hahre,
meine Feuer-reichen Jahre
sind mir vihl zu werth for sie!

Er will sich nicht mit andern in sie dheilen

Ode Jambica

Dorillgen, kleines Ringel-Schwein
auß planck polirtem Helffen-Bein,
wie man auß Mäntschen Färckel macht,
hat Circe sälbst dir bey-gebracht!

Mein Spizzen-Mantel auß Brabant
ist dir nur allzu wohl-bekannt;
kaum Venus sälbst dreibt so subtil
das Zokker-süsse Lihbes-Spihl.

Doch machstu dich fast zu gemein,
du lässt noch andre Schäffer ein.
Beqwäm gehn unter deinen Rokk
zwölff Männer und ein Zihgen-Bokk.

Drümb huhst ich dir itzt ins Gesicht:
for Lauch und Nässeln bün ich nicht!
Denn solch ein Maul, das jeder läkkt,
nach nichts alß Coloqwinten schmäkkt!

Er will nicht heurathen

Ode Trochaica

Weiße Venus, nakkt und blohß,
Amor sizzt auff deinem Schooß;
seine Äuglein lustig glizzen,
deine Brüste Flammen sprizzen!

Trunckner bün ich alß Silen,
keiner kan für euch bestehn,
Juden, Heyden und selbst Christen
wisst ihr durchauß zu belisten!

Heimlich zwikkts mich biß zum Zeh,
abends, wenn ich extra geh;
doch ich hüte mich beim Naschen,
denn ich will nicht Windeln waschen.

Philurille, spey mich an,
niemahls werde ich dein Mann.
For mein angenehmes Wesen
hat mich Fillis itzt erlesen.

Alß ich nechst bey Chloen stund,
jükkte gleich-falls mir der Mund;
ach, ihr arg verlihbtes Hertzgen
brännt schon wie ein Räucher-Kertzgen!

Halt mich nicht for keinen Schwan,
denn ich bün ein Wetter-Han.
Hundert lihbe kleine Dinger
läkken sich nach mir die Finger.

Bey Moscat und Malvasir
pfeiffe ich auff Bitter-Bier.
Mandel-Dütgens find ich nüzze,
doch mir graut für Hafer-Grüzze!

Er freut sich, daß es Sommer ist

Ode Trochaica

Itzt, da alle Rohsen blühn,
dafelt man blohß noch im Grün,
wo drey wunder-nette Bircken
eine Wasen-Banck ümbzircken.
Kleine Bluhmen blau und weiß
zäubern dort ein Paradeiß,
drein sich Käferckens und Hummeln,
ja selbst Schmetterlinge dummeln.

Gravitetisch, Schritt for Schritt,
jeder nimbt sich Seine mit,
durch die bundten Laub-Verhänge,
wandeln wir die Tulpen-Gänge.
Wie verzukkt enthaucht ein Ah,
itzt so sind wir endlich da,
lihblich räucht es allenthalben
und die Lufft durchzwittschern Schwalben.

Chloe, geuß uns Koffe ein,
der erfreut itzt mehr denn Wein,
zu gebakknem Lamms-Geschlinge
machen sich itzt Pfifferlinge!
Butter-Milch mit Bayrisch Kraut
schafft uns nicht zu grohbe Haut,
freundlich reichen wir einander
blau gekochten Bley und Zander.

Pamfilenchen streicht galant
Kowjar-Schnittgens for Valant,
zahrt durch ihr korallnes Pförtgen
schihbt er ihr ein Erdbeer-Dörtgen.
Doris drukkt sich rund und froh
rächt an ihren Florido,

Dämon angelt unterm Dische,
daß er Flaviens Fuß erwische.

Wo Cupido dirigirt,
sichs fürtrefflig musicirt,
Harffen, Lauten, Zymbeln, Geigen,
itzt dürfft ihr nicht lenger schweigen!
Stimmt die Kehlen, Mann for Mann,
alles hebt zu singen an,
Rosilis und Philirille,
keine hält ihr Mäulgen stille.

Mit der schönen Galathee
wältz ich mich schon fast im Klee,
lasst uns mit gefülltem Pantzen
rund ümb dihse Bäumlein dantzen!
Alles jubelt, juhct und schreyt:
= du Sonnen-süsse Zeit!
Nakkt, auff hundert weissen Wölckgen,
siht uns zu ein Zefir-Völckgen.

Er lauscht einem Vögelgin

Ode Trochaica

Nun ein blendend blauer Himmel
wihder über Tellus hängt,
dran in frölichem Gewimmel
Schäffgen sich an Schäffgen drängt,
unter dikk vermänckten Sträuchen,
die nach nichts alß Rohsen räuchen,
in das Graß, so lang ich bin,
einsamb sträkke ich mich hin.
    Schluchtzt ihr Flöhten, klagt ihr Geigen,
    blüht mein Hertz auch roht wie Mohn,
    zum Cocythus muß ich steigen,
    klagt ihr Flöhten, schluchtzt ihr Geigen,
    und zum schwartzen Fleggethon!

Kukk, mit auff gewipptem Schwäntzgen,
bundt auff einem Schlehdorn-Ast,
lädt ein kleines Fehder-Häntzgen
freundlig sich bey mir zu Gast.
Ach, mit seiner süssen Kehle
singt es sich mir in die Seele;
waß es tzwittschert, zürbt und zihbt,
macht mich durchauß ihm verlihbt.
    Schluchtzt ihr Flöhten, klagt ihr Geigen,
    blüht mein Hertz auch roht wie Mohn,
    zum Cocythus muß ich steigen,
    klagt ihr Flöhten, schluchtzt ihr Geigen,
    und zum schwartzen Fleggethon!

Zittschre, tittschre deinen Kummer,
schleiffe, pfeiffe deine Lust,
drillre gleichsahm wie in Schlummer
meine rund-ümbnagte Brust!
Rohsen, Tulpen und Cupresssen,
alles blüht und wird vergessen,

alles muß nach kurtzer Zeit
in die tunckle Ewigkeit!
    Schluchtzt ihr Flöhten, klagt ihr Geigen,
    blüht mein Hertz auch roht wie Mohn,
    zum Cocythus muß ich steigen,
    klagt ihr Flöhten, schluchtzt ihr Geigen,
    und zum schwartzen Fleggethon!

Ich und du, wir alle beyde,
müssen in den gleichen Stand;
dihse schöne Sommer-Heyde
schlukkt uns in den selben Sand!
Königs-Kertzen, Kayser-Kronen,
sind for ihr wie Lauch und Bohnen;
sollt ich drümb nicht offt allein
heimlig mit mir traurig seyn?
    Schluchtzt ihr Flöhten, klagt ihr Geigen,
    blüht mein Hertz auch roht wie Mohn,
    zum Cocythus muß ich steigen,
    klagt ihr Flöhten, schluchtzt ihr Geigen,
    und zum schwartzen Fleggethon!

Er bringt ihr ein Nacht-Musikgen

Ode Dactylo-Trochaica

Titan schloß sein Wogen-Hauß,
Morfeus sät die Sterne auß,
die wie kleine göldne Flekken
gantz den Horizont bedekken.
Alles schläfft itzt nach Gebühr.
Drümb bey so bestellten Dingen
laß mich hihr für deiner Thür
dir ein Nacht-musicgen bringen.
Hesper geußt schon Silber dreyn
und man hört die Fröschgens schreyn.
    O formosissima!
    Veni, puella!
    Prata mollissima
    visita, bella!
    Luna nos invitat,
    hic spatiari.
    amari!

Itzt ist Alles wihder stumm,
Tellus dreht sich noch mahl um,
durch die ungemeine Stille
zahrt und zihrlich zirpt die Grille.
Weiß, wo sich Diana wusch,
hipfft und plättschert die Fontehne
und auß jedem Rohsen-Pusch
haucht ein Zefir: Aramene!
Leise rauscht in deinen Traum
der ümbgläntzte Mandel-Baum.
    O formosissima!
    Veni, puella!
    Prata mollissima
    visita, bella!
    Luna nos invitat,
    hic spatiari.

Cor meum palpitat,
eheu! amari!

Itzt vom Indus biß zum Nil
geht ein süsses Bossen-Spihl.
Mit nur ungezihmten Sachen
weiß man sich vergnügt zu machen.
Venus schleicht sich zum Adon
nakkend unter dikken Mirthen,
ümb den angenehmsten Lohn
ringen Hirtinnen mit Hirten. Ach, man bringt sich
gantz und gar
in die eusserste Gefahr!
    O formosissima!
    Veni, puella!
    Prata mollissima
    visita, bella!
    Luna nos invitat,
    hic spatiari.
    Cor meum palpitat,
    eheu! amari!

Hercules, der thummpe Tapps,
kricht itzt manch verlihbten Klapps.
Zwey ambrirte Zokker-Dinger
füllen ihm dafor die Finger.
Auch waß ich hihr nicht benannt,
weil mir solches nicht verläubt ist,
nimbt er gantz in seine Hand,
biß er fast darvon betäubt ist.
Drümb so kan man gantz allein
itzt unmüglich frölig seyn.
    O formosissima!
    Veni, puella!
    Prata molissima
    visita, bella!
    Luna nos invitat,
    hic spatiari!

Cor meum palpitat,
eheu! amari!

Aramene, werthes Licht,
hörstu mich noch ümmer nicht?
Merckstu nicht, gelihbte Seele,
wie ich mich hihr for dir qwehle?
Eh mein Hoffnungs-Wacks zerrinnt,
schlinge ümb mich deine Ketten,
sonst so bün ich nicht gesinnt
dir mehr ins Gesicht zu treten.
Laß mich nicht noch lenger stehn,
denn sonst muß ich schlaffen gehn.
    O formosissima!
Veni, puella!
Prata mollissima
visita, bella!
Luna nos invitat,
hic spatiari.
Cor meum palpitat,
eheu! amari!

Er vergnügt sich mit ihr

Qwodlibet

Der Tag lihgt lengst zur Ruh,
Nocturna däkkt ihn zu,
Cupido schleicht von Hauß zu Hauß
und lescht die letzten Lichtgens auß.
Dorillgen, ist es dir genehm,
so mach ich es mir itzt beqwem,
weil daß, waß mich dir so verbündet,
dein Händgen auch im Fünstern fündet.
Itzt acht ich nichts for deine Küsse
gantz Indjens bundte Pärlen-Flüsse,
fast bün ich mir sälbst entrukkt,
wenn dein Mund auff meinem zukkt!

Blanck besilbert steht die Thür,
kukk, schon bricht der Mond her für!
Kom, wir schwimmen, ich und du,
auff die Zokker-Insuln zu!

Im nahen Pusch brohbt Filomele
die Pärlen- und Korallen-Kehle;
Frau Luna glizzt und glantzt,
der Sternen-Pöfel dantzt!

Deines Leibs bezihrter Bau
gleicht Helenens gantz genau,
Rohsen und Rubinen streiten
sich ümb ihn von allen Seiten.

Seine wohl-geformte Länge
bringt mich seelig ins Gedränge,
kaum drukkstu die Augen zu,
wenn ich waß Verbohtnes dhu!

Gönne, daß ich noch erwehne
jene Alabaster-Schwehne,
die auff deinem Marmol-Meer
langsam schauckeln hin und her;
for mich sind dihse zween Narzissen
die aller-schönsten Schläkker-Bissen!
Ihr Schwestern wohl gepaart
ohn alle jede Kanten,
ihr habt so rächt die Ahrt
der fästen Adamanten –
ich muß euch, ümb euch zu geniessen,
in die verlihbten Hände schliessen!
Deine mehr alß göldnen Lokken,
deine zahrt-gekrüllten Flokken,
deine Wollen-weiche Hand,
deine Wollust-runden Augen,
die mich gleichsam in sich saugen,
alles küß ich dir touchant!

Mägdgen, sey nicht faul,
qwättsch mir Maul auff Maul,
süssres hab ich nie gefühlt,
alß wenn in mir dein Zünglein wühlt!
Wuttsch, itzt hab ich waß verwischt,
wornach ich schon lengst gefischt!
Gleich so ruffstu und mit Lachen,
mänckstu dich in andrer Sachen?
O zokker-süsse Noht,
durchauß erwüntschter Todt!
Ümmer wihder meinen Mund
trukk ich auff dein Duppel-Rund!
Wie dein Hertzgen tukkt und pukkert
Venus selbst hat es bezukkert!
Ach, so mancher würde schreyn:
Könnt ich itzund Argus seyn!

Im Nahmen eines Andern

Ode Trochaica

Immer auß der sälben Kanne
schmäkkt mir nicht der bäste Wein.
Heute muß es Marmoranne,
morgen Marzimindgen seyn.
Nach den Schwartzen soll man drachten,
sie sind süß zu jeder Zeit;
doch die Blonden zu verachten,
halt ich for Ohnmügligkeit!

Alle lassen sich erbitten,
wenn man sie nur rächt beläkkt;
keine ist so streng von Sitten,
daß ihr nicht ein Küßcken schmäkkt.
Dreff ich Rosilis im Garten,
oder Buschgen gar im Heu,
flöht ich gleich auff dausend Ahrten:
Lihber dodt, alß ungetreu!

Doris küß ich auff die Bäkkgen,
Filosetten auff den Mund,
Sylvien kniep ich unters Gäkkgen,
Fillis, wo sie hindten rund.
For die niedlichsten Caräßgen
bin ich würcklich wie gemacht,
sälbst in das belihbte Gäßgen
schleich ich manchmal kortz für Nacht.

Bey Biskwit und Schokolade
sizzt man dan auff meinem Schooß;
zeigt den Schuch biß an die Wade,
macht sich beyde Brüstgens blohß.
Mit den freundlichsten Allüren
geht man gleich auff alles ein –

die da glaubte meinen Schwüren,
müßt ein rächtes Gänsgen seyn!

Er verlihbt sich in Amaryllis

Ode Jambo-Trochaica

All dein Glantz der jungen Jahre,
deine mehr alß göldnen Hahre,
haben mich mit Hertz und Hand
dir zugewandt!

Pallas lih dir ihre Lippen,
Venus ihre Marmol-Klippen,
auch stekkt in dem belihbten Kinn
ein Grübgen drin.

Deine recht saffirnen Blikke
fässeln gleichsahm mich wie Strikke,
für allem aber nimbt mich ein
dein Freundlich-seyn.

Deine süssen Worte lallen,
alß ob Rohsen-Blätter fallen;
zu deinen Knieen reissts mich hin,
du Zäuberin!

Laß mich nicht wie Tantal schmachten,
laß mich dich nicht blohß bedrachten;
nichts Schönres gibt es, alß zu Zwein
vergnügt zu seyn!

Alle Engel hört man lachen,
wenn zwei Lihbste Hochzeit machen.
Drümb, du Auszug aller Zihr,
gelihbt es dir?

Er schüttelt sein Hertz auß

Qwodlibet

Das Feld steht Kräutter-leer,
Frau Flora lacht nicht mehr,
der Wald hat allbereit
sein bundtes Stärbe-Kleid,
ein schönes Schau-Gerüst,
das bald Verwehsung küßt.
Wo blihb die Amstel hin,
das Singe-Vögelgin?
Der Fröschgen ihr Coax
beschehmbt nicht mehr Hannß Sachs.
Drümb sey es endlich hihr geklagt,
waß mir das Hertz benagt!

Unsre Gaben, süsses Kind,
flüchtig wie Narzissen sind,
und es fährt mit uns die Zeit
stracks in die Vergässenheit.
Einst so welckt mir dihse Haut
trukkner alß ein Sommer-Kraut,
einst so zwikkt mir dihß Gebein
Bodagra und Zipperlein.
Hengen laß ich dan mein Maul
wie ein alter Karren-Gaul,
stakkrich sezz ich Fuhß for Fuhß
wie ein steiffer Tapp-ins-Muhß.
Nachts, wenn mich die Flöhe jükken,
krault mir keine mehr den Rükken,
denn for sowaß, lihbes Kind,
bün ich dan zu keusch gesinnt.
Amors Zokker-süsser Poltzen
ist mir dan durchauß zerschmoltzen,
und ich seufftz die gantze Zeit
in betrühbter Einsamkeit!

Alles blüht und muß vergehn,
dir wird Gleiches mahl geschehn!
Die weissen Kugeln, so sich itz
so süß und anmuhtsvoll bewegen,
wird einst ein ungeheurer Plitz
in nichts wie Staub und Asche legen.
Dan wird dich niemand mehr betasten,
dan lihgt dein Leib im schwartzen Kasten,
dan trieft, dan stinckt nach Talg
dein runtzlig fauler Balg.
Dein Mund so süß benelckt
klafft jämmerlich verwelckt,
von Rohsen nicht die Spur,
zwo trukkne Schruntzeln nur,
zermürbelt und zerbrochen,
von Kröten überkrochen!
Laß die mit den weissen Bäffgen,
sie seynd Aeffgen!
Laß sie pappeln, laß sie plarren,
sie seynd Narren!
Ob Jude, Heyde, oder Christ,
er wird zu Mist!
Morgen lengst ist alles auß,
Mäntsch, du bist nur eine Lauß,
morgen, oder gar schon heut,
dröhnt vom Thurm dein Grab-Geläut!
Eins nur ist uns dan gewiß:
schwartz-polihrte Fünsterniß!

Laß uns alles drümb vergessen,
Rohsen pflantzen ümb Zypressen,
die dein Auge, wenn es strahlt,
gleichsahm wie mit Goldt bemahlt!
Deinen weichen Alabaster
trukk ihn auff mich recht alß Pflaster,
Mund an Mund und Brust an Brust,
in verschwihgner Götter-Lust,
biß ihr Pärlen-Safft dich, Kind,
gantz durchrinnt.

Ob sie Jungffern oder Huren,
alle in die Grube fuhren,
nichts mehr war ihr Schön-Seyn nüzze
in der schwartzen Lethe-Pfüzze!
Selbst Helena mit göldnen Hahren
ist Stanck und Gifft seit dausend Jahren!
drümb so künt es fast geschehn,
daß die Augen mir voll Wasser stehn!

Was ist die Welt und ihr berühmbtes Gläntzen?
Ein Blizz bey Nacht.
Eh welcke Rohsen eure Scheitel kräntzen,
singt, drinckt und lacht!
Heut sind wir noch jung und roht,
morgen hat uns schon der Dodt,
morgen sind wir Asche!

Er bekröhnt ihn mit einem Hirsch-Geweih

Ode Jambica

Dorillgen, wie das pfeifft!
Zur Nacht hat es gereifft.
Itzt heizz for deinen lihben Mann
den schwartzen Kachel-Ofen an.
Ihn blagt schon arg die Gicht,
ich bräuch so waß noch nicht.
Itzt ist so rächt nach meinem Sinn
dein rohter Rokk mit Blühmckens drin!

Wie Göldt umbfliesst dein Hahr
das ahrtlich runde Paar;
kein Perser-Chan ist nicht so reich,
Aglajens ist dein Auß-sehn gleich!
Nein, nie war ich jaloux
auff eine Knochen-Kuh.
Dihß macht mich schandlich auff dich stoltz:
du räuchst wie auß Zypressen-Holtz!

Neptunus gräulig stürmt,
Eolus Wogen thürmt,
am Fenster sizzt und schmaucht Thobakk
dein außgedorrter Schlumper-Sakk.
Ich seufftze, du erblast,
ich weiß schon, waß du hast,
du esthimirst waß vihl zu zahrt
for seinen alten Knaster-Bahrt!

Gantz still, gantz still, gantz still,
weil er itzt schnarchen will!
Drümb kom und däkk ihm seine Ruh
mit nichts alß Rohsen-Blättern zu!
Flinck, kleine Pumpel-Mauß,
zeug dir dein Rökkgen auß

und dreib mit mir das süsse Spihl,
das uns schon manchmal wohl gefihl!

Waß ist denn daß? Vertrakkt!
Er schnaufft nicht mehr im Takkt.
Nein, Gott sey Danck, er ist gantz taub,
du zitterst wie auß Aßpen-Laub!
Schon däkkt kein grohber Zwilch
mehr deine Marmol-Milch.
Das kleinste Küßgen auff sie schmäkkt
mir süsser alß Canari-Säkkt!

Umbs Dach heult fort für fort
der Gallen-bittre Nord;
der Hagel an die Scheiben klirrt,
daß es beynah schwartz-finster wird.
Wir machen kein Gelaut,
wir trukken Haut auff Haut;
ich bün polit und du bist nett,
gantz leise knakkt dein Himmel-Bett.

Er freut sich, daß es Winter ist

Ode Trochaica

Itzo, da der Winter meist
nichts wie Schnee und Hagel schmeißt,
draut man sich auß seinem Hauß
kaum mit halber Nase raus;
denn es sind uns sonst die Ohren
gleich gantz dikk mit Eyß befroren.

Drümb so sezzt man seinen Sinn
auff ein volles Wämbstrichin.
Eyer-Muhß mit Amber dreyn
schlingert man in sich hinein,
und wie süß zum Koffe schmäkken
morgens itzt die Botter-Wäkken!

Karpen, Stintckens, Plötzekens, Hächt,
alles kömbt uns itzo rächt,
Schüncken, Wörste, Sauer-Kraut
und waß man noch sonst verdaut.
Ingwergens und Citronaten
sind itzt gleichfalls wohl-gerathen.

Hat man dan genug gebappt,
fühlt man, daß man kaum mehr jappt,
zihmbt ein Schlückgen Aqwa vit,
weil man nicht den Kirch-Thurm siht.
Doch man weiß, es ragt derselbe
noch ins obre Blau-Gewelbe.

Drauff so drukkt man Dorime
zährtlig auff das Canape,
butzt ihr Schnuhtzgen und enthüllt,
waß ihr brall das Mihder füllt;
denn man muß nach solchen Sachen
sich ein Mouvementgen machen.

Ihrer Äuglein flincker Lauff
fordert uns zum Spihlen auff,
und sie kikkert und sie lacht,
biß ihr, pumps, das Bältzgen kracht.
So nur kan man mit Behagen
Boreas ein Knüppgen schlagen!

Er drillert ihr ein Qwodlibet

Qwodlibet

Wie das hagelt, wie das schneyt!
O du angenähme Zeit!
Der Ofen bufft und knallt,
das Feuer in ihm tukkert,
itzt steht der gantze Wald
mit Eyß bezukkert.
Dorillgen sizz dich ans Spinett,
nun drillr ich dir ein Qwodlibet:

Juhch Holla Juhch, Sa Sa!
Du göldne Musica,
nach der mein Hertz zu jeder Zeit
fast wie Apoll nach Dafne schreyt:
ich gäbe deinen lihben Krantz
nicht ümb die Käyser-Stadt Byzanz!
Dihß so jauchtz ich Drallala,
Febus ist mein Grohß-Bapa!

Meinen bundt-verschnührten Rokk
buzzen sihben Krägen,
heut zihrt mich der Schäffer-Stokk,
morgen schon der Dägen.
Heut sizz ich im grünen Klee,
morgen auf dem Canape; doch offt so trukk ich auch
die Bäncke
in einer guhten Pauren-Schäncke,
wo man fidelt, dantzt und stampfft,
oder wo der Knaster dampfft!

Wo bränt der braunste Brahten,
wo klükkt der klährste Wein?
Mit Ungrischen Dukahten
muß man behafftet seyn!
Kaum fühlt sie meinen Dhaler Göldt,

gleich dhut sie, waß mir wohl-geföllt.
Ein Küßgen hihr, ein Küßgen dort,
ein Griffgen und ein kleines Wort,
daß ist for meinen Zahn
Vergnügungs-Marzipan!

Ey, ey, waß stäkkt denn dorten drin?
Waß seynd denn daß for Oepffelchin?
Subtil sind sie erbaut
und ümb und ümb auß Haut!
Verstatte drümb, Belinde,
daß ich dich zahrt ümbbinde,
ich will mich dan auch recht befleissen,
nicht in sie hinein zubeissen!
Frihrt uns, gleich so kriechen wir
in das fehdrige Qwartir,
wo wir uns zur Seite ruhn
und mit Recht vertraulich dhun.

Ihr stuzzt und dhut erstaunt?
Botz Klekk, bün ich kapaunt?
Seyd ihr denn daub und blind?
Bün ich ein Windel-Kind?
Die nichts alß kläun und klaffen,
seynd for mich blohß Affen,
dihses abgeschahbte Rohr
hau ich ümb ihr Midas-Ohr!

Sich an Mägdgens delectiren,
fleissig sich die Gurgel schmihren,
Mäntelgens auß Sammt und Seyden,
Tobac fein zu Streiffgens schneiden,
Bomper-nikkel und Confäkkt,
alles waß nach Ceres schmäkkt,
darz u bün ich stähts bereit,
Dafnis ist for Biderkeit!

Drümb so blahs ich alß Damöte
auff der Teutschen Opitz-Flöte,

biß kein Baum mehr über blihben,
der nicht gäntzlig voll geschrihben.
Braucht die Rohse drümb zu stincken,
weil auß ihr die Weßben drincken?
Zoilus, du falscher Wanst,
tichte bässer, wenn du kanst!

Daß es bald Oculi ist, drukkt ihme nicht das Hertz ab

Ode Jambica

Schon rasen ümb die Erde
Herrn Febi Feuer-Pferde,
schon bohrt sich durch den dikken Schnee
der angenehme Mertzen-Klee.

Darzwischen, spizz und munter,
steht gölber Crocus drunter,
darzu so plinckert schon durchs Graß
der Teich fast wie auß Spihgel-Glaß.

Mercur brohbt seine Leyer,
die Häsgens legen Eyer,
die Tichter tichten allbereit,
Aurora schlipfft ins Scharlach-Kleid.

Bald nahn nun sampt den Störchen
die stehts verlihbten Lörchen,
schon träumt es ihnen jeden-falls
von Krebs-Bluht und von Mükken-Schmaltz.

Neptun stieß seine Gabel
in Amfitritens Nabel,
der Himmel ferbt sich sanfften Blaus,
itzt, Winter, zeuch den Harnisch auß!

Du hast uns sehr gefallen,
drümb lohbt ich dich für allen,
doch itzt, so muß ich dir gestehn,
möcht ich dich gern von Hindten sehn.

Es macht ihn durchaus vergnügt, daß es schon Lätare ist

Ode Jambica

Daß Eyß hat auß gekracht,
Printz Febus wihder lacht.
Der Tau-besprüzzte Anger
geht wihder Blühmcken-schwanger.

Der lukkre Schnee zerrinnt,
sanfft weht ein Westen-Wind,
durch Kräutergen und Gräsgen
kukkt schon das Oster-Häsgen.

In Nichts wie Sonnenschein
tünck ich die Fehder ein.
Itzt noch ein kleines Weilgen,
und alles steht voll Veilgen!

Er passirt an ihrer Thür vorbey

Ode Jambica

Der Winter stirbt im Wald,
deß freuen sich die Faunen
und blahsen, daß es schallt,
auff ihren Feld-Bosaunen.
Die trühbe Zeit ist hin,
der Venus weisse Taube
legt ihre Eyerchin
in Mavors Bikkel-Haube.

Der Thetis blaue Schooß
ligt wihder frey und offen,
durchs lebhafft grüne Moos
kömbt Qwäll ümb Qwäll geloffen.
Das klükkert durch den Hag
und glüzzert immer dotier,
die Welt von Tag zu Tag
wird durchauß Bluhmen-völler.

Schon sizzt vor ihrer Thür
das freundliche Florindgen,
ich spreche höfflich für,
wie geht es dir, mein Kindgen?
Gleich wird sie über roht,
ach, nur ein eintzges Schmäzzgen!
man stirbt darvon nicht todt,
sie fältelt sich am Läzzgen.

Zwey Marmol-Ballen zwänckt
das allzu dünne Minder,
ihr jüsses Uhr-Werck sänckt,
bald, hebt es sich auch wihder.
Sie sprengen fast den Zwilch,
kukk, wie sie sich bewegen,

der Juno weisse Milch
ist kohl-pech-schwartz dargegen.

Du duppel Kuß-Altar,
auß dem sich Rohsen krüllen,
bald wirstu gantz und gar
mich mit Vergnügen füllen.
Dan steht mir alles frey,
wekk, du bestirnter Schleyer,
dan kikakt die Schallmey
zu Tellens Hochzeits-Feyer!

Er will mit ihr spazziren gehn

Ode Trochaica

He, Dorinde, auff die Thür!
Febus lokkt die Kräutter für.
Florens jeder eintzge Schritt
itzt auff nichts als Sterne dritt.

Pallas mit dem spizzen Kinn,
Pallas wirfft die Bücher hin,
sazzt sich in das dikke Grün,
wo die Zokker-Rösgens blühn.

Selbst Proserpina zerschlug
lachend ihren Threnen-Krug.
Zefirus, der geule Bokk,
kreucht ihr fast biß untern Rokk.

Pan rennt wie ein Zausel-Beer
hindter seiner Syrinx her,
biß er bruhstend sie erwischt
und mit ihr sein Hertz erfrischt.

Drümb so laß uns ungesehn
in die Heidel-Püschgens gehn
und uns küssen, daß es knallt,
überall, wos uns gefallt!

Es gaudirt ihn, daß die Mädergens schon das Graß zertrükken

Ode Jambica

Die Veilgens schlagen auß.
Sie sind schon halb herauß!
Durch ihre heitre Bläue
dreibt Areas seine Säue.

Die Faunen und das Vieh,
die geulen Satyri
stehn fast biß an den Bäuchen
in Grähsern und Gesträuchen.

Grohß-Vatter Pan holt vor
sein sihben stimmigt Rohr,
ümb sein verlihbtes Pfeiffen
Zitronen-Vögel schweiffen.

Schon hört man Sylvien schreyn,
ach nicht doch, nein, ach nein,
die dikken Bokksbaum-Häkken
sie gantz und gar verstäkken.

Der Paffos Söhngen lacht,
waß wird dar blohß gemacht?
Bleibt, Kindgens, ruhig lihgen,
der Schnizzger schnizzt euch Wihgen!

Es verdreußt ihm!

Ode Trochaica

Tulpen blühen und Narzissen,
Tellus stikkt ihr Hochzeits-Kissen.
Kleine blaue Veilgens drin
machen, daß ich frölig bin.

Klükkernd mit den göldnen Glökkgen,
springen bundte Zihgen-Bökkgen.
Vatter Pan, der auch darbey,
bläst auff seiner Dideldumdey.

Unter einem Rohsen-Wölckgen
buhlt im Baum ein Vogel-Völckgen.
Mars in Waffen, Venus nakkt,
beyde dantzen drümb im Takkt.

Harffen-Zupffen, Lauten-Schlagen
ist itzt recht mein Wohlbehagen.
Dihß nur macht mir vihl Verdruß,
daß ich eintzel schlaffen muß!

Ja, itzt dorch so manches Fenster

Ja, itzt dorch so manches Fenster,
aulf so manchen schwartzen Flauß
geussen weisse Nacht-Gespenster
ihre Kammer-Bekken auß!

Titan peitscht die muntren Pferde,
nun der Mond am Himmel schwimmt,
ümb das andre Rund der Erde,
harr, wie mir das Pfeiffgen glimmt!

Zween fast Klafter-dikken Linden,
Durtel-Däubgens kükkten zu,
schnitzt ich es in ihre Rinden:
»Du und ich« und: »Ich und du!«

Schnell drümb drükke mir, Dorillgen,
heymlich auff die Hindter-Dhür,
du vergöldtes Zokker-Pillgen,
und dan pflokk den Rihgel für!

Höre auff mich zu bedrüben,
küß mich, daß die Bett-Statt kracht,
laß uns süße Kortzweil üben,
weil das eintzig glükklich macht!

III. Und ihr seid immer noch nicht abgeplundert!

Spöttische Verse und Chansons

An die »obern Zehntausend«

Und wieder rollt nun sterbend ein Jahrhundert
dem Abgrund zu, drin uns die Zeit verschlingt,
und ihr seid immer noch nicht abgeplundert,
nicht hinter die Kulissen abgehinkt?

Wollt euch nicht länger freventlich vermessen,
denn euer Lebensnerv ist abgestumpft,
denn eure Kronen sind von Rost zerfressen
und eure Stammbaumwälder sind versumpft!

Ein *neu* Geschlecht, schon wetzt es seine Schwerter,
schon webt die Sonne ihm den Glorienschein,
und glaubt: Es wird kein veilchenblauer Werther,
es wird ein blutiger Messias sein!

Chanson

Noch immer baumelt der alte Zopf
der alten Welt im Genick,
noch immer schmort ihr kein Huhn im Topf,
drum: Vive la République!

Drum: Vive la République, blique, blique,
das Herz schlägt uns im Bauch,
das Knutentum haben wir dick, dick, dick,
und Kartoffel und Hering auch!

Ich bin ein roter Demokrat

Ich bin ein roter Demokrat
und zwar ein ganz vermaledeiter,
mein Ärmel streift an Hochverrat,
an Richtschwert, Fallbeil und so weiter.
Doch pst, sie ist ja längst vorbei,
die goldne Zeit der Barrikaden,
denn heuer herrscht mit Blut und Blei
das – Gaunertum von Gottes Gnaden!

O, oft noch überläufts mich heiß,
denk ich an Herwegh und an Hecker,
denn wieder bläht sich das Geschmeiß
der Teller- und der Speichellecker.
In »H«och- und »A«llerhöchster Gunst
stehn Leutnants nur und Wachtparaden,
denn was darüber ist, ist Dunst
dem – Gaunertum von Gottes Gnaden!

Bezahlt wird jeder, was er gilt,
der eire ist des andern Henker,
und zur Maschine wird gedrillt
das Volk der Dichter und der Denker.
Zwar öfter murrt es, doch was tuts?
Wenn die Gewehre nur geladen!
So hielts von jeh schon kalten Bluts
das – Gaunertum von Gottes Gnaden!

Doch still, o still, mein wildes Lied,
auch dein Traum wird sich einst erfüllen,
auch du eilst einst in Reih und Glied,
wenn lautauf die Kanonen brüllen.
O, dann wird strahlenden Gesichts
die Freiheit sich im Frührot baden,
dann sinkt für immer in sein Nichts
das – Gaunertum von Gottes Gnaden!

Ganz recht!

Ganz recht! Zum Beispiel die Kultur!
Das heißt, nun ja, ich meine nur!
Denn schließlich, wie sie sich auch stellt,
bleibt doch das Endziel ihrer Reife
die Überschwemmung dieser Welt
mit Branntwein, Christentum und Seife!

Religionsphilosophie

O Herr, aus tiefer Not
schrei ich zu dir hinauf:
Gib mir mein täglich Brot
und etwas Butter drauf!
Ein Stückchen Leberwurst
wär schließlich auch nicht ohne;
du weißt, mein Teufelsdurst
ist deiner Schöpfung Krone!

Wär nur mein alter Hut
nicht so entsetzlich schief;
du weißt nicht, wie das tut,
doch hier, hier brennt es tief:
Mein Flaus hält nur soso,
ich wollt, er wäre wärmer;
ein Winterpaletot
macht dich doch auch nicht ärmer!

Du siehst, mir fehlt noch viel,
und meine Seele schreit,
ich finde keinen Stil
vor lauter Frömmigkeit!
Doch seis. Ich bin ein Mann
und will mich nicht erdreisten,
nur mußt du dann und wann
mir auch was Extras leisten!

Für Klärchen einen Zopf
ein Küh für meine Frau
und sonntags in den Topf
womöglich eine Sau!
Und läßt du einmal, gehts,
mich Kalkulator werden,
dann will ich dir auch stets
erkenntlich sein auf Erden!

Dann halt ich hübsch den Mund
bei andrer Spott und Hohn
und gründe einen Bund
für innere Mission.
Mein Fritz muß fürchterlich
Theologie studieren,
und schließlich laß ich mich
zum Kirchenrat kreieren!

Doch wenn du filzig bist,
dann dank ich für die Kur;
dann werd ich Atheist
und wähle bebelsch nur!
Dann mag Altar und Thron
nur dreist zusammenbrechen,
dann werd ich deinen Lohn
in Gold und Blut dir blechen!

Doch wie mans treibt, so gehts.
Mein Los wägt deine Hand,
und eine wäscht ja stets
die andre hierzuland.
So nimm mein Herz denn hin,
ich wills dir ja nicht schenken;
daß ich Geschäftsmann bin,
wirst du mir nicht verdenken!

Drum, Herr, aus tiefster Not
schrei ich zu dir hinauf:
Gib mir mein täglich Brot
und etwas Butter drauf!
Ein Stückchen Leberwurst
wär schließlich auch nicht ohne,
du weißt, mein Teufelsdurst
ist deiner Schöpfung Krone!

Ultima ratio

Wozu sich an den Galgen baumeln,
aus einem Nichts ins andre taumeln?

Ein jeder Pastor machts dir klar:
Gott ist gewesen, eh er war.

Doch zeit- und ursachloses Sein
begreift kein Mensch, versteht kein Schwein.

Drum schließlich lehrt uns unser Idol:
Zeuge Kinder und baue Kohl!

Ninon

Ninon heißt sie. Ihre Mutter
handelt nachts mit Apfelsinen
an der Weidendammer Brücke.
Doch sie selbst ist Kammerkätzchen.

Stöckelschühchen. Sehr kokett.
Sehr kokett sitzt auch ihr Häubchen,
das auf ihrem krausen Köpfchen
weiß und niedlich balanziert.

Doch der kleine Marmorschlingel,
der dem Spiegel vis-à-vis
grad vor einem Makartstrauß hockt,
läßt sich dadurch nicht verblüffen.

Immer, wenn ihr Pfauenwedel
ihn frühmorgens abstäubt, lacht er.
Ja, die Stutzuhr kann sogar
deutlich hören, was er sagt:

»Tu mir den Gefallen, Kind, und
kokettiere nicht so viel!
Ninon nennt die gnädige Frau dich?
Geh, du heißt ja gar nicht so!

Martha heißt du. Dein Papa
war der gnädige Herr von Dingsda.
Vor drei Wochen in Neuyork
starb er als Konditorlehrling.

Deine Mutter lebt. Sie schielt,
hinkt und schnupft. Im übrigen
handelt sie mit Apfelsinen
an der Weidendammer Brücke.«

Ist ein Mädchen kerngesund

Ist ein Mädchen kerngesund,
wiegt es mehr als hundert Pfund.
Ist's so schön wie das von Milo,
wiegt's ganz gut auch so viel Kilo!

»Zu den drei Nymphen«

Apage, blonder Satan, laß mich los!
Ich weiß, dies ist das Haus »Zu den drei Nymphen«,
doch setze dich nicht gleich mir auf den Schoß
und kokettiere nicht mit deinen Strümpfen!

Dein Wort ist wie ein tönendes Geschell,
du wirst dies junge Herz mir nicht beschwatzen;
du bist ja doch nur eine Biermamsell
und feil und falsch wie alle diese Katzen.

Durch dein Gelächter zischt die rote Lust,
die Goldgier grub sich tief in deine Züge,
und luftgepolstert thront auf deiner Brust
die gummifabrizierte Doppellüge.

Was dir an Locken baumelt um die Stirn,
ist mühsam nur gestutzt mit Papilloten,
und dein verhaktes kleines Weibsgehirn
ist bis zum Platzen vollgepfropft mit Zoten.

Du machst die Augen zu und schnalzt: Wie schön!
und nippst beim Nachbargast vom Blut der Reben
und denkst dabei nur an das Lustgestöhn,
als du dich gestern Nacht ihm preisgegeben.

Dein Element ist recht die Völlerei,
das Austernfressen und Champagnersaufen ...
Wie? Teufel! schlägt die Stutzuhr dort schon zwei?
Da, nimm mein Portemonnaie und – laß mich laufen.

Finster eine Pappel steht

Finster eine Pappel steht,
durch den sterbenden Abend ihr Rauschen geht.
Das raschelt, das flüstert, das wispert, das graust,
das seufzt, das stöhnt, das zischelt, das braust,
das klingt so seltsam schaurig.
Der letzte Streif am Himmel schwand,
immer dunkler schweigt das Land,
mein Herz ist traurig, traurig!

F. von B.

Ein Quentchen Herz, ein Quentchen Hirn,
die schlanke Nase kühn gekurvt
und die gedankenhohle Stirn
gedankenvoll »gefaltenwurft«:
So seh ich ihn, verblichnen Airs,
den alten, goldbebrillten Knaben –
o F. von B., das beste wärs,
du ließest endlich dich begraben!

Begnadige Feder und Papier
und ziehe endlich die Moral,
du siehst, ich mein es gut mit dir
und bin wie immer radikal.
Was hast du um die Zeit der Not
auch heut in dieser Welt zu suchen?
Wir Dichter schrein nur noch nach Brot,
und nicht wie du nach Kaffeekuchen!

Kein Mensch ist mehr zuleikatoll,
dein Bülbülschwindel ist verkracht,
und ein entsetzlich tiefer Groll
ist jählings mit uns aufgewacht.
Drum gecke weiter, alter Geck,
und schwärme vom Medschidscheorden,
wir – schreiten über dich hinweg,
denn anders ist die Welt geworden!

Sie schwelgt nicht mehr »an Baches Strand«
und sucht verzückt das Blümlein »Blau«,
sie hat sich endlich selbst erkannt
und plant den großen Zukunftsbau.
Zum Faktum macht sie die Idee
und lacht der Schwärmer hinterm Ofen –
was sollen *ihr* nun, F. von B.,
was sollen *ihr* nun *deine* Strophen?

Ein Musterstück für Versdressur,
ein farblos Nichts, das bunt lackiert,
vergleichbar einer Kinderuhr,
die »fingerdick mit Gold beschmiert« –
so ungefähr als Mann von Fach
würd ich den Mischmasch kritisieren;
doch nein, auch das ist noch zu schwach,
dein Witz ist ledern zum Krepieren!

Drum noch einmal: Streu Sand aufs Blatt
und schreibe endlich Punktum drauf!
Wir sind den alten Krimskrams satt
und atmen täglich freier auf.
Wir wünschen dir, weil du ergraut,
auch schließlich noch ein langes Leben;
nur darfst du nie, was du verdaut,
in Versen wieder von dir geben!

Denn traurig ists mit anzuschaun,
wenn ein zerbrochner Hampelmann
noch immer tun will wie ein Faun
und doch nicht kann, o Gott, nicht kann!
Dann zuckts mir durch das Herz: Er weint!
Gespenstisch deucht mir seine Glatze,
und wenn die Sonne drüber scheint,
verklärt sie golden – eine Fratze!

Zwei Knaben ritten Hottehüh

Zwei Knaben ritten Hottehü,
von einem sah man nur das Küh,
der andre mits Jesichte
machte druff Gedichte!

Richard Wagner als »Dichter«

Das urigste Poetastergenie,
das unser Jahrhundert geboren;
schon beim Anhören seiner Hotthüpoesie
verlängern sich unsre Ohren!

Der deutschen Sprache spie dreist ins Gesicht
seines Stabreims Eiapopeia –
ein demokratischer Krebs, der Verse verbricht:
Wigala, Wagala, Weia!

Strahlender als Zinn und Zink

Strahlender als Zinn und Zink
strahlt der deutsche Dichterling!

Sitzen zwei Liebende beieinander,
duftet gleich der Oleander.

Duftet schwül der blaue Flieder,
schwillt dem Mädchen meist das Mieder.

Duftet später der Holunder,
wird das Mädchen merklich runder.

Zittert dann zum Schluß die Espe,
ist sie wieder eine Wespe.

Wiegt ihr grünes Haar die Birke,
wiegt sies zaubersüß wie Kirke.

Spiegelt sich im Bach die Erle,
sonnt sich schwänzelnd eine Schmerle.

Regelmäßig wehn Zypressen,
wenn zwei »Herzen« sich »vergessen«.

Rauschen im Sonnenschein Platanen,
muß die »Seele« etwas »ahnen«.

Sind es dagegen nur Akazien,
fühlt sie klassisch und träumt von Thrazien.

Sonntags unter einer Linde
tanzt er sicher mit Jorinde.

Schnitzt er sich in eine Buche,
droht die Waldfrau mit dem Fluche.

Piekt er sich an jungen Lärchen,
schmollt er: Ach, ihr kleinen Närrchen!

Tränen netzen sein Gesicht:
Ahorn, pfui, du reimst dich nicht!

Königlichste aller Tannen,
als Mastbaum schwimmst du einst von dannen!

Erst die hohe Wodansesche
braust in seinen Kummer Bresche!

Grollt er unter Deutschlands Eiche,
ist der Erbfeind eine Leiche.

Weint er unterm Baume Bo,
haha, hehe, hihi, hoho!

Träumt er abends unter Rüstern,
fühlt er, wie sie ihn umdüstern.

Streckt sich die Chaussee mit Pappeln,
fängts ihn schließlich an zu rappeln.

Knüpft er sich an eine Weide,
singt er schluchzend noch: Ich scheide!

Powrer noch als Zink und Zinn
ist die deutsche Dichterin!

Vor der ersten gelben Primel
leiert sie ihr Lenzgeschwiemel.

Lilien, Heliotropen, Rosen
tauchen sie in Duftnarkosen.

Hyazinthen und Azalien
frißt ihr Vers wie Viktualien.

Zwischen Rittersporn und Malven
knallt sie ihre Liedersalven.

In Salbei und Türkenbund
weint sie sich die Äuglein wund.

Hinter ihr mit ernster Miene
runzelt sich die Georgine.

Erst die herbstlich blaue Aster
klebt auf ihre Wunde Pflaster.

Träumt sie nächtens von Melissen,
klammert sie sich um die Kissen.

Zentifolien, Mohn und Nelken,
einsam muß ich hier verwelken.

Tuberosen, Nachtviolen,
und sie wälzt sich wie auf Kohlen!

Da, auf einem Besenstiel,
naht ein Marschall namens Niel.

Naht sich Bakchios mit dem Eppich,
krümmt sich ihres Leibes Teppich.

Naht sich Gabriel, der Engel,
greift sie nach dem Tulpenstengel.

Küßt das Morgenrot Verbenen,
»sehrt« sie immer noch ihr »Sehnen«.

Kaiserkronen und Jasmin,
endlich, endlich hat sie ihn!

Raden, Wegerich und Raps,
ach, er ist ein zweiter Abs!

Hühnerfuß und Hahnenkamm,
endlich nennt man sie Madamm.

Durch Kamelien und Kakteen
hat sie ihn zuerst gesehn.

Bienen summten um den Stock,
blaugrün flog sein Havelock.

Klang ein Lied ihr »still im Stillen«,
und sie glitt in die Kamillen.

Schämig hauchten die Skabiosen:
Kuck, das Kind hat keine Hosen!

Zärtlich seufzte das Reseda:
Ach, sie ist so lieb wie Leda!

Keusch am Busen blaue Veilchen,
kocht sie ihm jetzt Käsekeilchen.

Meiran, Dill und Krauseminze,
alle Mittwoch bäckt sie Plinze.

Bohnen, Erbsen, Weißkohl, Wruken
stopft sie ihm in alle Luken.

Und welch eigne Poesie
schafft ihm erst die Sellerie!

Schon fragt sie ein Tausendschönchen:
Wirds ein Töchterchen, ein Söhnchen?

Rosmarin und Amarant,
schließlich siegt das Wickelband!

Einem Glacédemokraten

Komm, Freund, daß ich die Hand dir fasse,
du bist wie ich ein jeune garçon
und führst das Elend aus der Gasse
durch deine Lieder in den Salon.
Du hüllst sie in Gold und Purpur ein,
nun wird die Armut unsterblich sein.

Ich weiß, du liebst es, hoch zu Rosse
zu schütteln den Speer deiner Poesie,
drum duftet sie auch nie nach der Gosse
und stinkt beträchtlich nach Patschuli.
Famos! schon wird vor Bewunderung stumm
das Höhere-Töchter-Publikum.

Vergnüglich hockst du hinterm Ofen,
des Fortschritts Ziel hast du entdeckt
und sozusagen mit deinen Strophen
den weißen Mohren schwarz geleckt.
Kein Lied, das die rote Rache preist,
kein Aufschrei, der uns das Herz zerreißt!

Ich würde dir gern ein Krönchen kleistern,
du weißt, ich bin kein Nihilist;
doch kann ich mich nicht recht begeistern,
dieweil es mir mitunter ist:
Als lachte durch jedes Hungergedicht
dein wohlgenährtes Prostmahlzeitsgesicht!

Die Kritik als Epilog

Dies schrieb ein Antihofpoet,
halb Kakerlake, halb Prophet.
Er sang zu wenig mir piano
und roch verteufelt nach Guano.

Zwar mancher wird ihm Beifall hageln,
doch darfs mir nicht das Hirn vernageln,
denn seht, sein ganzer Singsang hinkte:
Er appellierte an die häßlichen Instinkte!

Nicht »Antiker Form sich nähernd«

In München schneits, und das Volk schreit nach Brot.
Gaslichtverbreitung.
Der Ätna raucht, und Fürst Bismarck ist tot.
Nein, diese Zeitung!
Wozu durch alle diese Ritzen
sein Blut ins Nichts vertropfen?
Gemütlich hinterm Ofen sitzen
und seine Pfeife stopfen!
Die Sonne scheint, und die Welt ist rund.
Grün wehn die Zypressen.
Ein Schnabus läßt sich trinken und
ein Rollmops essen!

In der Sonnengasse

In der Sonnengasse zu Sankt Goar,
da kämmt sich die Resi ihr schwarzes Haar.
Sie lacht in den Spiegel verstohlenen Blicks,
silbern über ihrem Bett hängt ein Kruzifix;
ihr Pantöffelchen klappert, ihr Schnürleib kracht:
    Heute Nacht!! Heute Nacht!!

In der Sonnengasse zu Sankt Goar,
da wohnt ihr schrägüber ein junger Scholar.
Der pfropft sich in den Schädel lauter dummes Zeug,
schwarz auf seinem Pult liegt der Pentateuch.
Da streift ihn die Sonne, und sein Leder kracht:
    Heute Nacht!! Heute Nacht!!

Sie gab mir einen Kuß

Sie gab mir einen Kuß
Im Autoomnibus.
Der Schnee fiel draußen sacht,
Wir sausten durch die Nacht.
Wir saßen ganz allein,
Der Schaffner sah nicht rein.
Wir drückten Knie an Knie,
Sie hauchte: »Sie, ach Sie!«
Das übrige, pardon,
Gehört nicht zum Bongtong! –
Es war uns ein Genuß
Im Autoomnibus!

Der Herr Mitte Dreißig

Parbleu, Madam, wie amüsant!
Ich glaube, wir zwei sind uns bekannt.
Schon oft kniff ich in diese Grübchen,
souvenez-vous en, unser Mansardenstübchen?

Ein Tisch, zwei Stühle und kein Bett,
ein Kanapee und ein Bücherbrett,
mit »Faust«, mit »Bibel« und mit »Kommersbuch«,
letzteres mir als das liebste Versbuch!

Du warst mein »Mädel«, ich war dein »Strunk«,
Herr Gott, waren wir damals jung!
Von morgens früh bis abends spät!
Verflucht und zugenäht!

Wir schwelgten bei Butterbrot und Tee,
draußen fiel der erste Schnee;
bunt um uns wob sichs wie ein Kranz
aus Frühlingsblau und Sonnenglanz!

Auf der alten, wurmstichig morschen Kommode,
mit kaputtem Wackelkopf ein »lütter« Pagode,
und drüber hing, in Kupfer gestochen,
ein Satyr, dem seine Flöte zerbrochen!

Doch wozu diese »ollen Kamellen«
uns hier umständlich nochmal verteilen?
Wir ließen es uns wohlergehn –
erfreut, entzückt, Sie wiederzusehen!

Der Herr Mitte Fünfzig

Du biegst zu irgendeinem Zwecke
vergnügt um irgendeine Ecke.
Fahl steht der Tod; einknickt dein Stolz;
er sagt zu dir: »Guten Tag, Herr Holz.
Sie stehn recht spack auf Ihren Füßen.
Bierbaum und Liliencron lassen Sie grüßen.
Was ›wollen‹ Sie noch auf dieser ›Welt‹?
Sie hatten ›alles‹. Nur nie ›Geld‹.
Bitte, sehn Sie sich doch mal um.
Ist nicht alles entsetzlich? Ist nicht alles ›dumm‹?
Ist ›Liebe‹ nicht ein Ding zum Piepen?
Ein Vagel Griep, der nie zu griepen?
Ist ›Ehre‹, ›Weisheit‹, ›Ruhm‹ und ›Kunst‹
nicht bloß der eingebildetste Dunst?
›Menschentum‹, ›Heldentum‹, ›Vaterland‹ –
lächerlicher Kindertand!
Na, und erst der übrige Krempel!
Ich nenne nichts mehr als Exempel.
Vereint mit Richard Moses Meyer,
atmen Sie sicher viel froher und freier!
Mein Name ist Mors, i hob die Ehr –
Nix zu maxen! Er hört nichts mehr!«

Irgendwie und irgendwo

Der Herr Ende sechzig

Irgendwie und irgendwo
irgendwo und wann,
auf dem Schlosse Monpopo,
war einmal ein Mann.

Auf dem Schlosse Monpopo
war auch eine Frau,
irgendwie und irgendwo,
und ihr Schuh war blau.

Blau wie Schuhe es so sind,
doch ihr Herz war rot –
Ach, ich fühl's, das süße Kind
ist schon lange tot!

Auf mein braunes Haar fiel Schnee,
meine Sonne sank ...
Spiegelt sich im kleinen See
immer noch die Bank?

Irgendwie und irgendwo,
irgendwo und wann,
auf dem Schlosse Monpopo
war einmal ein Mann!

Die Ammer flötet tief im Grund

Dichter, in trauriger, wehmütiger Rückerinnerung

»Die Ammer flötet tief im Grund« –
das klang so voll, so farbenbunt!
»Über die Augen halt ich die Hand,
schimmernd liegt vor mir das Land;
schimmernd, wie ein goldener Rauch,
über allen Dingen ruht ein Hauch!«
Rings erscholl's aus allen Kolken:
»Über die Welt hin ziehen Wolken!«
Und kaum war dieses ausgemolken,
fing's schon wieder an zu polken,
klang's erschütternd auf mich zu:
»Fern der Insel Nurapu!«
Er sang in wunderneuen Tönen,
das war ein Säuseln, Somseln, Dröhnen,
ein Zittern, Jauchzen und ein Stöhnen –
leider vergaß er, weiterzuklönen.

Refrain

Ich rauchte nicht und trank kein Bier,
ein junger Mensch von achtzehn Jahren,
und dieses Buch der Welt schien mir
wie eines Engels Memoiren.
Schon sah ich mich im Frührotschein
vor lauter Glück die Hände falten,
doch heut gesteh ichs traurig ein:
Mein Herz hat mir nicht Wort gehalten!

Auch schrieb ich manchen Liebesbrief
und schwärmte à la Heinrich Heine,
doch das war kindisch und naiv,
denn statt der Herzen fand ich Steine.
Nun hängt am Galgen mein Humor
und macht mein warmes Blut erkalten,
denn traurig klingt es mir im Ohr:
Mein Herz hat mir nicht Wort gehalten!

Zwar meiner Kunst ersehnten Kranz,
schon streift ihn hier und da mein Scheitel,
doch denk ich schon wie Meister Hans
und deklamiere: Alles eitel!
Mir kreist das Hirn, mir wankt das Knie,
ein andrer mag mein Amt verwalten!
Zu traurig klingt die Melodie:
Mein Herz hat mir nicht Wort gehalten!

Winter

Du lieber Frühling, wohin bist du gegangen?
Noch schlägt mein Herz, was deine Vögel sangen.
Die ganze Welt war wie ein Blumenstrauß.
Längst ist das aus!
Die ganze Welt ist jetzt, o weh,
Barfüßle im Schnee!
Die schwarzen Bäume stehn und frieren.
Im Ofen die Bratäpfel musizieren,
das Dach hängt voll Eis.
Und doch! Bald kehrst du wieder, ich weiß, ich weiß!

Bald kehrst du wieder,
oh, nur ein Weilchen,
und blaue Lieder
duften die Veilchen!

Wie alles ruht

Wie alles ruht! Wie alles schweigt!
Wie schön der Rauch aus Grünem steigt!
Ein Bienenvölkchen summt und schwärmt,
die liebe Mittagssonne wärmt.

Die ganze Nacht in meinen Traum
klangs schluchzend: Zitüküht!
Ein Wunder steht der Apfelbaum
und blüht und blüht!

Dreierlei

Ich bin ein Dichter und kein Papagei
und lieb es drum, in *unsre* Zeit zu schauen,
und doch mißfällt an ihr mir dreierlei,
und dieses Faktum kann ich schwer verdauen:

Die jungen Damen werden nie mehr »blind«,
die jungen Herrn sind meistens eitle Schöpse,
und – last not least – die echten Tränen sind
noch seltner heute als die echten Möpse!

Worte, Worte, nichts als Worte!

Worte sind Flöten! Worte sind Geigen!
Worte können vieles verschweigen!
Worte sind lustiger, grüner Lauch!
Worte sind Schall! Worte sind Rauch!
Worte sind Bettler! Worte sind Granden!
Worte verschlingen sich zu Girlanden!
Worte sind Kränze! Worte sind Kronen!
Worte sind abgebrauchte Schablonen!
Worte sind Morphium und Kokain!
Worte sind würzigster Rosmarin!
Worte sind abgegriffene Groschen!
Worte wärmen wie Filzgaloschen!
Worte haben Troddeln und Tressen!
Worte wirken wie Kompressen!
Worte flimmern wie Hyazinthen!
Worte schimmern in allen Tinten!
Worte piesacken wie Hornissen!
Worte sind duftender als Narzissen!
Worte sind blühende Blumen in Vasen!
Worte sind sprühende Seifenblasen!

Worte sind Nelken, die schnell verwelken!
Worte sind Kühe, die wir melken!
Worte sind schielende Bettler auf Krücken!
Worte sind spielende Schnaken und Mücken!
Worte sind wild! Worte sind zahm!
Worte hüpfen! Worte sind lahm!
Worte brüllen wie Lawinen!
Worte sind bröckelnde Ruinen!
Worte sind süß! Worte sind bitter!
Worte sind rische, rasche Gewitter!
Worte sind faulige Pesttümpel, die qualmen,
Worte sind Hymnen! Worte sind Psalmen!
Worte verdummen! Worte verblöden!
Worte sind Fässer ohne Böden!
Worte sind die besten Poeten!
Worte die schlechtesten Interpreten!

Worte sind Zwerge! Worte sind Riesen!
Worte sind Mondlichter auf blauen Fliesen!
Worte sind wesenlose Dinge!
Worte taumeln wie Schmetterlinge!

Worte sind wie verbuhlte Weiber!
Jedem leihen sie ihre Leiber!
Jeder darf sie küssen und herzen!
Worte sind flammende Königskerzen!
Worte sind blond! Worte sind braun!
Worte, auf Worte soll man nicht traun!
Worte umgeigen uns wie Grillen!
Worte sind stinkende Hundskamillen!
Worte sind Unflat! Worte sind Mist!
Worte sind wie der Heilige Christ!
Worte sind wie das Wasser der Taufe!
Worte wie Regen aus einer Traufe!
Worte kriechen um uns wie Reptilien!
Worte sind Krauthacken und Utensilien!
Worte sind kunstreiche Präparate!
Worte verschmitzte Surrogate!
Worte sind List! Worte sind Lug!
Worte gibts über und über genug!
Worte sind unser letztes Wissen!
Worte sind bunte, bemalte Kulissen!

Worte sind Trug! Worte sind Tand!
Worte sind rinnender, rieselnder Sand!
Worte sind Schlick! Worte sind Schlamm!
Worte wiegen kein Milligramm!
Worte wirbeln hin und her!
Worte sind oft zentnerschwer!
Worte sind jung! Worte sind alt!
Worte sind Wachs! Worte Basalt!
Worte sind Greise! Worte sind Kinder!
Worte sind wiederkäuende Rinder!
Worte sind nichts! Worte sind alles!
Worte haben nicht den Dalles!
Worte sind billig wie Brombeeren und Binsen!

Worte fressen keine Zinsen!
Worte sind Mittel! Worte sind Zweck!
Worte sind Dünger! Worte sind Dreck!
Worte sind dümmer noch als Hans Tapps!
Worte sind ein vorzüglicher Schnaps!
Worte sind Taten! Worte Saaten!
Worte sind platzende Handgranaten!

Baum sein! Traum sein!

Baum sein! Traum sein! Stark und stolz!
Nicht der »Dichter« Arno Holz!
Grün sich über Matten hebend,
Wurzelwerk durchs Erdreich webend,
hoch und immer höher strebend,
tausend Jahre blätterbebend,
kronenschwebend, blütenlebend,
sich selber Licht und Schatten gebend!

Anmerkungen des Dichters zu den Dafnis-Liedern

Nohtwendige Erklärung der tunckeln Örter, for die mehr Einfälti-
gen, denen Gelahrten schon bekannt. Gleichsahm alß guhtwillige
Zugabe

Adon: ein überauß schöner Printz auff Cypern. Ein Buhler und
Auffwarter der Venus. Sie war so verlihbt in ihn, daß sie sich des
offtern heimlig zu ihm ins Bette geschlichen; wordrüber Mars so
ergrimmte, daß er sich in ein Wilt-Schwein verstellte und ihme bey
der Jagd den Leib auffriß. Daß er ein Zwitter gewesen, der alß
Mann die Venerem und alß Frau den Apollinem vergnügt habe,
halte ich for eine lihderliche Erfündung

Amfitrite: des Neptuni Hausfrau. Sie war See-grün von Aug-
Opffeln und soll einen silbernen Rükken gehabt haben

Apollo: der Fürsteher der Musen. Aller Tichter Obrister. Vom Pla-
to for die Sonne gehalten

Arcas: ein Schäffer

Argus: ein Hirt mit hundret Augen

Aurora: eine Frau mit Rohsen-färbigen Fingern. Eine Vorläufferin
und Kammer-Magd der Sonnen

Bachus: ein heydnischer Haubt-Gott. Der Erfinder des Bestiali-
schen Sauffens

Boreas: der unannehmliche Nord-Wind

Ceres: die Frucht- und Feld-Göttin. Eine ansehnliche vollsafftige
Person, die for ihre vihle Kinder das Brod-Bakken erfund Circe: eine
verruffne zauberische Weibs-Person

Cocythus: ein bittrer hellischer Fluß aus den Threnen der Ver-
dammten

Cupido: Ebräisch Chabab, wordrauß ersichtlich, daß die Heyden
auch dihsen Gott auß der Bibel genommen haben. Beym Homero,
Pindaro und Hesiodo der Veneris Söhngen. Er reichte seiner Frau
Mutter noch nicht biß zum Nabul. Da dihse in zihmlicher Buhl-
schafft gelebt, stritten sich die Boeten, wer sein Vatter gewesen

Dafne: jene Nimfe, die sich lihber in einen Lorbeer-Baum wandeln lihß, alß daß sie dem Apollini ihre Jungfferschafft gönnte. Wenn ich die Wahrheit sagen soll, so halte ich dihses Begäbniß for ohngläublich

Diana: des Apollini Geschwister. Vom Homero die Hirschen-Mörderin benannt. Ein länglichtes, blizz-broppres und darbey couragirtes Weibs-Gestell

Eolus: der Verwahrer der Winde

Faunen: abergläubisches Wald-Gelichter. Erschrökkliche Kerle mit Schweins-Borsten!

Febus: besihe Apollo

Fleggethon: ein Hellen-Fluß, welcher statt des Wassers mit Feuer floß

Flora: nächst der Venus die Lihbreitzendste. Die Hüterin der bundt besternten Wihsen, der zihren Butter-Vögel und der Hoppe-Pferdgens

Helena: das allervollkommentlichste Frauenzimmer, so je die Welt gesehn. Sie ist auß dem Ey der Leda gekrochen, das ihr der Jupiter alß Schwan gemacht. Wordrauß erhellt, daß der Trojanische Krieg schon auß dihsem Vorfall seinen Ursprung genommen. Wenn die Chronologisten nachgerechnet haben, sie sey bey ihrer Entführung durch den Paridem bereits eine alte Schachtel von 60 oder gar 80 Jahren gewesen, so erweist daß nur, daß die Leute voritzo lenger in ihrem vigeur geblihben, alß hernachmahls; worbey sich etliche auch auff das exemplum der Sahra bezihn

Hercules: zu Teutsch Heers-Keule, von allen Kriegs-Gurgeln die dapfferste. Um ihn zu zeugen, hatte sein Vatter Jupiter bey seiner Frau Mutter Alcmene drey Nächte hindter einander verwandt

Hesper: ein ebentheuerlicher astrologischer Traumer, der sich von einem Berge alß seinem Observatorio zu Dhode fiel, wordrauff ihn die Heyden-Götter auß Mitleid in den Abend-Stern verkehrten

Juno: des Jupiter Ehe-Weib. Von den Physicis for die unterste dikke Lufft, wie Jupiter for die oberste dünne gehalten. Da es seiner unterschiedlichen Maitressen wegen Zanckens und Beissens genug zwischen ihnen beyden sezzte und etliche berichten, sie habe den

Volcanum blohß vom Winde, den Martern von Anrührung einer Blume und die Heben von Essung eines Saulats empfangen, wollen andre, daß sie ihrem Gukguk gar so reine Farbe auch nicht gehalten. Daß sie nach des Moses Frau Zephora der Bibel abgeschihlt worden, werden die wenigste glauben

Mars: der Heyden-Götter Sankt Georg. Der Venus Stopff-Galan Mercur: der Götter schlauster. Er stund den Beutel-Schneidern und Kauffleuten für. Er soll auch, ohnbeschadet dem Jubalo, die Music erfunden haben

Midas: ein tölpischer König in Frygien. Er war so einfältig, daß er den albren Hirten-Gott Pan mit seinem Tudel-Sakk dem Apollini fürzog; waß dihsen so hefftig erzörnte, daß er ihme alß Gratial for sein verkehrtes Urthel Esels-Ohren auff säzzte. Wälche wollen, durch solche prostituiren sich die Kunst-Richter noch heute

Morfeus: ein Bedihnter des Schlaffs

Neptunus: des Jupiter, seines Bruders, Admiral. Der Regirer über alles See-Vieh

Nocturna: auch Nox benennt, der Göttinnen älteste. Sie fuhr auff einen schwartzen Wagen, alß den ihr der Jupiter geschänckt, nachdäme sie seinen Handel mit der Alcmena mercklich favorisirt hatte

Noha: der nach verloffner Sünd-Fluht den Wein gepflantzt. Der dihsen dann gesoffen und sich von seinen Töchtern beschlaffen ließ, war ein andrer

Paffos: eine Stadt auff der Insul Cypern. Der Venus Residentz

Pallas: von allen heydnischen Göttinnen die gelährteste. Sie soll das Oliwen-Oel erdacht haben, weil man zum Studiren die Lampe braucht. Daß sie ihr Leb-Tag eine Jungffer geblihben, halte ich nicht for erwihsen

Pan: der Gott der Zihgen- und Küh-Hirten. Er soll einen zihmlichen Jüden-Bahrt gehabt haben Proserpina: des Pluto Ehe-Wirthin, alß welche sie mit dihsem Unhold wider Willen hatte zu Bette gehn müssen

Satyri: unreine, den Incubis verwandte Geister, so in den Abgrund des hellischen Pfuhls gehören. Sie waren so geul, daß sich kein Frauens-Volck sicher für ihnen sehn lassen dorffte. Von denen Natur-Kündigen auff eine Ahrt Affen gedeutet

Silen: des Bachi Sauff-Bruder, alß welcher er ihme so manches Fuder Wein gekostet. Ein Schmausirer und Schmaruzzer!

Sylvan: ein Wald-Gott; der Faunen und Satyri Anführer

Syrinx: eine jämmerlich schöne Nimfe

Tantalus: ein König in Frygien, däme für Hunger und Dorst die Zunge ümmer auß dem Maul hing, weil er blapperdaschig der Götter Heimlichkeiten auß geschwazzt

Tellus: die Erd-Göttin. Nach etlichen aller Götter und Menschen Mutter. Von andern for die Eva gehalten

Thanatos: der Alten Hannß Mors

Thetis: ein Meer-Fräulein. Des berühmbten griechischen Fürsten Achilles Mutter

Venus: die wir alle kännen. Im steinigten Argos opfferte man ihr mit Rohsen gefüllte Färckel. Ich halte sie mit dem Plato for die Püppel-Mutter der Boesie

Virgil: ein heydnischer Hexen-Meister. Wie er Christum bereits vorgeahnt, beweisen die Scholastici. Daß er darbey auch fast allzu lustig sein kunte, verrahten seine Bucolica, zu Teutsch Hirten-Lider
Zefirus: ein Lufft-Gott. Der Flora Mann. Ein zihmliches Milch-Maul

Zoilus: ein Nasen weiser, mißgönstiger Splitter-Richter. Unter allen Verdrühßlichkeiten dihses zergänglichen Erdkreises die klagwürdigste. Ich säzze sein übel-klingendes Geschrey nicht vihl über das Gepfeiffe der Nachtwächter. Einstweilen empfehle ich mich den Parcen!

Lieder sind aus Urheberrechtsgründen gelöscht.

Über tredition

Eigenes Buch veröffentlichen

tredition wurde 2006 in Hamburg gegründet und hat seither mehrere tausend Buchtitel veröffentlicht. Autoren veröffentlichen in wenigen leichten Schritten gedruckte Bücher, e-Books und audio-Books. tredition hat das Ziel, die beste und fairste Veröffentlichungsmöglichkeit für Autoren zu bieten.

tredition wurde mit der Erkenntnis gegründet, dass nur etwa jedes 200. bei Verlagen eingereichte Manuskript veröffentlicht wird. Dabei hat jedes Buch seinen Markt, also seine Leser. tredition sorgt dafür, dass für jedes Buch die Leserschaft auch erreicht wird.

Im einzigartigen Literatur-Netzwerk von tredition bieten zahlreiche Literatur-Partner (das sind Lektoren, Übersetzer, Hörbuchsprecher und Illustratoren) ihre Dienstleistung an, um Manuskripte zu verbessern oder die Vielfalt zu erhöhen. Autoren vereinbaren direkt mit den Literatur-Partnern die Konditionen ihrer Zusammenarbeit und partizipieren gemeinsam am Erfolg des Buches.

Das gesamte Verlagsprogramm von tredition ist bei allen stationären Buchhandlungen und Online-Buchhändlern wie z. B. Amazon erhältlich. e-Books stehen bei den führenden Online-Portalen (z. B. iBookstore von Apple oder Kindle von Amazon) zum Verkauf.

Einfach leicht ein Buch veröffentlichen: **www.tredition.de**

Eigene Buchreihe oder eigenen Verlag gründen

Seit 2009 bietet tredition sein Verlagskonzept auch als sogenanntes "White-Label" an. Das bedeutet, dass andere Unternehmen, Institutionen und Personen risikofrei und unkompliziert selbst zum Herausgeber von Büchern und Buchreihen unter eigener Marke werden können. tredition übernimmt dabei das komplette Herstellungs- und Distributionsrisiko.

Zahlreiche Zeitschriften-, Zeitungs- und Buchverlage, Universitäten, Forschungseinrichtungen u.v.m. nutzen diese Dienstleistung von tredition, um unter eigener Marke ohne Risiko Bücher zu verlegen.

Alle Informationen im Internet: **www.tredition.de/fuer-verlage**

tredition wurde mit mehreren Innovationspreisen ausgezeichnet, u. a. mit dem Webfuture Award und dem Innovationspreis der Buch Digitale.

tredition ist Mitglied im Börsenverein des Deutschen Buchhandels.

Dieses Werk elektronisch lesen

Dieses Werk ist Teil der Gutenberg-DE Edition DVD. Diese enthält das komplette Archiv des Projekt Gutenberg-DE. Die DVD ist im Internet erhältlich auf **http://gutenbergshop.abc.de**